AF253656

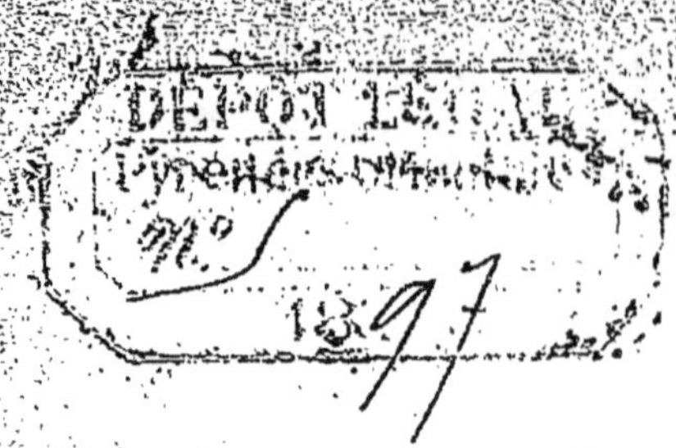

Pro Patriâ !

SUS AUX ESPIONS !

PÉTITION

PRÉSENTÉE AU PARLEMENT

PAR

Arthur LE CREPS

Janvier 1897.

IMPRIMERIE COOPÉRATIVE

PERPIGNAN

Pro Patriâ !

SUS AUX ESPIONS !

PÉTITION

PRÉSENTÉE AU PARLEMENT

PAR

Arthur LE CREPS

Janvier 1897.

IMPRIMERIE COOPÉRATIVE

PERPIGNAN

PÉTITION

PRÉSENTÉE AU PARLEMENT

PAR

ARTHUR LE CREPS

Messieurs les Sénateurs,

Messieurs les Députés,

J'ai été élevé dans des idées monarchistes. Mon père était un ami de M. Guizot, l'intègre ministre de Louis-Philippe.

Je n'hésite point toutefois à m'adresser au Parlement républicain, car il représente en France l'énergie nationale ; il est la Loi en puissance et en action.

Du reste, il ne s'agit ici que de patriotisme et quand vous discutez, Messieurs, les intérêts sacrés de la Patrie, tous les Français se tournent vers vous et vous applaudissent. Les Sans-Patrie seuls restent étrangers à vos efforts.

S'il est vrai qu'il y ait en France de nombreux citoyens qui demeurent indifférents aux formes politiques de gouvernement, il est certain aussi que tous, sans aucune exception, se lèveraient à l'annonce du premier danger qui pourrait menacer le territoire.

Peu importe la personnalité ignorée de celui qui s'adresse à vous en ce moment. Il vous demande de le lire pour agir ensuite selon votre devoir. Le pays tout entier vous soutiendra dans cette campagne, car il y a trop de temps que notre générosité nous fait dupes et victimes de nos irréconciliables ennemis. Imitons plutôt l'admirable constance des Espagnols se ralliant tous, après les guerres de Napoléon Ier, au cri national et libérateur de : « *Fuera extranjeros !* A la porte les étrangers ! »

C'est surtout de MM. les Ministres de la Guerre et de l'Instruction publique que je voudrais être entendu, car si le premier a la garde armée du sol de la Patrie, le second a la charge de la jeunesse qui doit être élevée dans le souvenir de nos malheurs et dans l'espoir de leur vengeance.

On a dit et redit, mais on ne répétera jamais assez, que la cause de nos cruelles défaites en 1870 fut dans la légèreté et l'imprévoyance du Gouvernement fermant les yeux sur les préparatifs de guerre de la Prusse et laissant pénétrer l'infiltration allemande qui préparait les voies à l'invasion en masse.

Quelle impéritie alors de n'avoir pas tenu compte des si sages indications et des si prévoyants avis du colonel Stoffel, notre attaché militaire à Berlin ! L'indifférence du second Empire à ces avertissements courageux restera la honte de ce régime, car on peut dire que c'est cette inertie qui a coûté à la France l'arrachement de ses provinces chéries, l'Alsace et la Lorraine.

Mais quelle audace aussi, quelle profondeur de calcul, quelle diversité de moyens, quelle ingéniosité de formes déployées par nos ennemis pour pénétrer tous nos secrets militaires et ceux de notre organisation administrative, judiciaire et économique ! Ici, ce sont des officiers d'état-major acceptant un rôle dans la domesticité du maréchal Lebœuf, si vaillant cependant sur les champs de bataille ; là, ce sont des officiers du Génie, transformés en musiciens ambulants, quêtant de petits sous pour voler de gros secrets ; c'est à la Cour, c'est dans les plus humbles logis que l'espion allemand pénètrera, tombant aux plus basses besognes pour la grandeur du but commun, *serviliter pro dominatione.*

Est-il donc surprenant qu'on les ait trouvés si bien renseignés sur l'état de nos forces et de nos richesses, qu'ils aient pu, dans un de nos Haras, connaître, jusqu'à un cheval près, un étalon qui manquait, et le désigner par son nom ?

Il semble que de pareils exemples aient dû nous servir de leçon et que l'histoire pour nous ne devrait pas se recommencer, après les terribles enseignements qu'elle a eus.

Eh bien ! nous sommes au point de vue individuel aussi imprévoyants qu'avant 1870, et les Allemands sont aujourd'hui chez nous aussi nombreux qu'ils étaient alors.

Nihil nihilior sum, je suis moins que rien ! Tel l'enfant qui sous les guerres de nos vieilles Communes, veillait, du haut du clocher, sur l'approche de l'ennemi. Nul ne le connaissait, et sa voix cependant était plus qu'un tumulte. Puisse la mienne être entendue !

Si peu que je sois, il faut bien que je me mette en cause pour l'édification de tous afin de faire servir à l'instruction du temps présent les exemples d'autrefois auxquels j'ai été personnellement mêlé.

Première Aventure d'Espionnage allemand

En 1861, je fus blessé grièvement en Afrique pendant les préparatifs d'un voyage d'exploration que je projetais dans le centre quasi inconnu alors de cette contrée. De 1863 à 1867, je cultivais un domaine près de Pau, le domaine de Batz en Gélos, et c'est là que je connus ma première aventure d'espionnage allemand :

En août 1866, après la bataille de Sadowa, arriva à Pau un jeune Hambourgeois de trente-cinq ans environ. Il portait le nom de Jonas, et il était le premier à rire de sa parenté biblique avec la baleine.

C'était un homme séduisant au possible, très instruit, parlant toutes les langues, excellent musicien, et riche à pouvoir se passer d'avoir de l'esprit ; il n'en manquait pas, cependant.

C'était le fils d'un des plus gros armateurs de Hambourg. Je fis sa connaissance et tout Pau de ce temps l'a connu. Me Cassou, avocat à cette époque du barreau de cette ville, aujourd'hui membre de la Chambre des Députés, ne doit pas avoir oublié sa physionomie très saillante et il ne compte pas les poignées de main qu'il lui a rendues, comme à l'auteur de ces lignes d'ailleurs.

Jonas était venu à Pau, disait-il, parce que la vue d'un uniforme prussien lui donnait des attaques. Il avait en horreur le caporalisme berlinois, et rien ne paraissait plus sincère que sa haine teutonne, qui grattait déjà au bon endroit notre frivolité gauloise.

C'était le temps où M. Garette, membre du barreau de Pau, fondait l'*Indépendant des Basses-Pyrénées*. J'écrivais à cette époque dans plusieurs journaux et Jonas, qui m'avait ouvert la rédaction du journal *la Situation* qui se publiait à Paris avec une subvention du roi de Hanovre, venait chez moi lire les manuscrits de mes articles.

Le grand dada à la mode était alors celui du maréchal Niel voulant organiser sérieusement la garde nationale mobile. C'était le thème que je donnais le plus souvent à mes rabâchages, soutenant que la permanence de l'armée active était la cause du dépeuplement de nos communes rurales, où les soldats ayant goûté de la vie des villes ne voulaient plus revenir, peuplant les administrations de gendarmes, de cantonniers, de sergents de ville, tandis que leurs *payses*, fatiguées d'attendre, bifurquaient vers la prostitution.

On pense si ces articles écrits certes de bonne foi, signalés à Berlin par Jonas, y donnaient une note agréable.

En janvier 1867, je voulus vendre mon domaine de Gélos. J'étais dans le Calvados, mon département d'origine, quand je lus dans l'*Indépendant des Basses-Pyrénées* le fait-divers suivant :

« Le prince de Bismarck Schauenhausen, ma-
» lade, veut se retirer de la direction des affaires
» étrangères de Prusse. On dit qu'il a l'intention
» d'acheter une propriété dans les environs de
» Pau. »

C'était immanquablement Jonas qui avait inspiré cette nouvelle.

Tous les ans, MM. de Bismarck et de Gortschakoff venaient à Biarritz ; ils passaient ensuite quelques jours ensemble à Pau, à l'hôtel de France, d'où l'on jouit de la plus belle vue sur la chaîne des Pyrénées, ayant devant les yeux l'élégant et ma-jestueux pic du Midi d'Ossau, recouvert toujours de sa blanche crinière.

Je m'empressai, sur l'annonce des projets que l'on prêtait au chancelier de Prusse, de lui envoyer une description de Batz et je l'engageai à se faire rendre compte de mon petit domaine, d'une contenance de seize hectares. J'avais pour voisin, lui disais-je, le Ministre de la Guerre de Belgique, le général de Chazal, et d'autres grands personnages français et étrangers.

A vrai dire, je ne faisais pas grand fonds sur ma démarche ; aussi mon étonnement fut-il très grand quand je reçus au bout d'une dizaine de jours, à Caen, une longue lettre autographe d'une écriture très serrée, de M. de Goltz, ambassadeur de Prusse à Paris. Il m'écrivait par ordre du prince de Bismarck, et parlait de moi en termes élogieux qui me stupéfièrent. Quel homme charmant que ce M. de Goltz !..... Aussi charmant, en vérité, que je fus naïf en ne voyant pas quelle main se cachait sous la sienne. Sa lettre, par ailleurs tournant à l'idylle, vantait le séjour enchanté de Pau, ses prairies en fleurs, ses cours d'eau délicieux, la fraîcheur de son éternel printemps. Le prince de Bismarck viendrait à la belle saison, il ne manquerait pas de faire ma connaissance, et patati et patata. Pour un ambassadeur en rupture de protocole, sa lettre était d'un abandon charmant. Je la montrai à Jonas, qui en attrapa une colère bleue...... de Prusse, et sacra pendant quinze jours tous ses jurons tudesques contre ces gueux de Prussiens.

Vous savez comment on attrape des mouches avec du miel, des merles avec de la glu, et des niais, comme je l'étais, avec de belles paroles !

En mai 1867, je vendis ma propriété à un Brésilien en l'étude de M⁰ Rigoulet, notaire à Pau. Et oncques je n'entendis parler des projets du prince de Bismarck d'acheter un domaine sur les coteaux délicieux de Gélos ou de Jurançon.

Jonas resta dans les Basses-Pyrénées jusque dans les derniers jours qui précédèrent la déclaration de guerre. Il était là-bas la coqueluche de tout le monde, et dans ce milieu cosmopolite si accueillant, si ouvert, il s'était fait une place à part. Reçu dans l'intimité du Préfet de l'époque, M. d'Auribeau, recherché dans tous les salons de la société béarnaise, il ne pouvait pas, disait-il, supporter le désœuvrement. C'est ainsi qu'il se fit attacher comme employé amateur à la préfecture des Basses-Pyrénées, puis, pendant de longs mois, à la Recette Générale (le Trésorier-Payeur général était alors M. O'Quin) ; enfin, à l'étude de Me Bonnemaison, avoué, près le Tribunal civil.

Intelligent et instruit comme il l'était, il aurait fallu vraiment qu'il le fît exprès pour ne pas s'être familiarisé après ces stages avec les principes de notre fonctionnement administratif, financier et judiciaire.

Ces occupations ne l'empêchaient pas de cultiver particulièrement l'amitié des officiers dans la société desquels il se plaisait de préférence. Une année même, ils l'invitèrent à passer quelques semaines avec eux dans le fort d'Urdos (vallée d'Aspe). Admis presque chaque soir à faire de la musique et à jouer au wisth chez Mme et M. l'Espinasse, Président de Chambre à la Cour d'Appel de Pau, il y rencontrait les sommités les plus honorables de la société béarnaise et, quoiqu'il aimât juste assez les femmes pour être bien avec leurs frères ou maris, un mariage s'ébaucha entre lui et une très jolie orpheline apparentée au meilleur monde ; son père avait été sous-intendant militaire. Ce projet d'union finit par ouvrir à Jonas toutes les portes qui lui restaient consignées.

Le mariage se retardait de mois en mois ; enfin sa célébration était très prochaine, quand le ciel s'obscurcit du côté de Berlin et qu'on apprit un beau matin de juin 1870 que Jonas avait décampé sans tambour ni trompette. On ne l'a jamais plus revu. Mais, quelque temps après, les habitants de Nancy le connurent, hélas ! car il fut chez eux, après le traité de Francfort et pendant l'occupation, l'un des chefs de la commandature civile pour le compte du roi son maître Guillaume Ier.

Si l'on veut savoir ce que fit pour la Prusse ce farouche mangeur de Prussiens, qu'on lise les journaux belges de cette époque.

Le brillant cavalier de Pau, le séduisant meneur de cotillon, le désœuvré charmant dépensant les loisirs de son temps dans les bureaux de nos administrations publiques, avait fait place à un administrateur à la poigne de fer, impitoyable aux vaincus et tenant à leur prouver qu'il ne se souvenait de notre hospitalité que pour avoir profité contre la France de ce qu'il avait appris chez elle.

⁎[⁎]⁎

Deuxième Aventure d'Espionnage allemand

Le climat du Midi m'étant toujours imposé par les médecins, je vins vers 1869 dans les Pyrénées-Orientales. Aimant passionnément la chasse, j'habitais alors un lieu quasi désert vers les étangs de Salces, *la Rigole,* sur la route de Perpignan à Narbonne, entre Salces et Fitou, et à plusieurs kilomètres de ces deux localités.

J'avais avec moi deux hommes, un marin et

un chasseur. Je m'occupais de chasse sur eau avec l'aide de filets et je faisais des expériences de tir cynégétique pour aller plus tard chasser l'eider sur les côtes d'Islande.

En 1869, le dimanche entre Noël et le Premier de l'An 1870, par un temps affreux et au milieu de bourrasques de neige, — température vraiment rare dans ce pays du soleil — je vis arriver dans ma baraque sept ou huit musiciens ambulants. Ils me prièrent de les laisser se réchauffer à mon feu et de leur vendre à manger. Celui qui était leur chef me répétait sans cesse ; « Nous vous paie- » rons ! nous vous paierons ! » Je ne le leur demandais pas. Par humanité, je mis à leur dispo- sition un tonneau de vin et mes provisions de cénobite. Ils burent comme des trous et mangèrent comme des ogres.

S'étant bien repus et chauffés, ils voulurent me payer, mais je refusai. Leur chef, homme fort bien élevé, insista mais en vain, et la conversation s'en- gagea alors, rendue bientôt familière par la compa- gnie du vin, l'heureuse satisfaction de l'estomac et le bruit de la tempête qui faisait rage au dehors de ma baraque chaude et bien close.

Ils me dirent qu'ils n'étaient pas des musiciens de profession. Bavarois, aimant beaucoup la France — oui, à la façon dont l'ogre aimait les enfants — dé- sireux de voyager et de s'instruire, mais n'ayant pas de fortune, ils parcouraient notre pays en gais compagnons aimant les aventures, la liberté et les filles d'auberge.

Tout le monde a connu ces bandes de musiciens. Personne ne se méfiait d'eux alors et j'étais comme les autres.

Avant de partir, le chef étala sur ma table une carte et il me demanda quelle route il fallait suivre de Perpignan pour aller dans l'Ariège en longeant la frontière. J'indiquai le chemin le plus court du point où nous nous trouvions, soit Rivesaltes-Estagel, mais ils n'acceptèrent point mon itinéraire, et tous ensemble tracèrent leur topo sur la carte de façon à arriver à Perpignan et à côtoyer la frontière.

Pour me remercier de mon hospitalité, ils me régalèrent d'un concert dont la *Marseillaise,* alors interdite en France, forma le principal morceau, accompagnée de tous les hymnes guerriers d'Europe.

Mon marin, Falandri, et sa femme, qui nous faisait la popote, sont morts depuis longtemps. Mais mon chasseur, Miquelet, d'Argelès-sur-Mer, qui ne m'a pas quitté, se souvient très bien des détails précis de cette scène qui nous revint en mémoire quand nous apprîmes que ces bandes de musiciens n'étaient pas autre chose que des missions d'officiers d'état-major se livrant à l'étude topographique et militaire de toutes nos frontières.

Aujourd'hui, on ne croit plus au Prussien dans notre Midi et on s'imagine qu'une fois la zone de l'Est dépassée, l'espionnage n'est plus à craindre. Erreur, erreur profonde !

Bien plus encore qu'avant 1870, les Allemands

ont intérêt à connaître nos côtes et nos frontières Sud. Ou la Triplice, en effet, n'a pas de raison d'être, ou l'Autriche et l'Italie n'en font partie que pour jouer dans la future guerre un rôle de diversion, l'Autriche du côté de la Russie, l'Italie sur le Sud-Est et le littoral méditerranéen, loin des défenses fixes.

On a donc le plus grand intérêt à Berlin et à Rome à connaître notre ligne maritime de Nice à Port-Vendres, nos centres d'approvisionnements militaires, nos magasins d'habillement, notre matériel ambulancier, nos arsenaux, nos fabriques d'armes et de canons, toute cette puissance militaire qui a coûté des milliards à la France, et qui est mise en réserve, à l'abri d'un coup de main, à Toulon, Port-Vendres, Perpignan, Montpellier, Toulouse, Tarbes, etc., etc.

Ne laissons donc pas notre confiance qui veille sur les frontières de l'Est, s'endormir du côté du Midi, et disons-nous que partout où se trouve un Teuton, que ce soit à Nancy, que ce soit à Perpignan, se trouve un ennemi de la France !

*_**

Troisième Aventure d'Espionnage allemand

En 1872, un Belge de mes amis, mon ancien camarade du Collège de Juilly (Seine-et-Marne), M. Victor Jacobs, ancien membre du cabinet Malou, m'engagea à aller étudier, pour la réaliser plus tard, une entreprise importante de location de chasse de communaux dans les Ardennes belges, près de Bastogne. Je séjournai pour ce projet plusieurs mois dans les Ardennes et dans le grand-duché de Luxembourg.

En décembre 1872, dans un des principaux hôtels de Luxembourg, un soir, à table d'hôte, une trentaine de convives se trouvaient réunis. Tout le monde parlait français, dans ce mélange de nationaux de tous les pays d'Europe. Mais mon voisin de gauche, homme d'une politesse exquise et d'une instruction remarquable, se faisait un jeu de deviner exactement, à la prononciation des convives, si on était Belge, Français, Russe, etc..... et même de quelle partie de la France on devait être. Les Anglais, eux, se faisaient à ce point remarquer par leur accent, par l'importance de leur morgue, et ils affichaient si bien leur nationalité, qu'on ne s'occupait pas d'eux. Ils n'étaient là que pour écouter, avec la préoccupation de la note par laquelle ils relateraient cet incident sur leur carnet de voyage.

J'avais pour ma part payé mon large écot à la conversation, dissertant avec mes voisins immédiats sur l'Algérie et commentant avec eux cette phrase de Salluste dans la guerre de Jugurtha, quand il dépeint la Numidie : « *Penuria aquarum cœlo* » *terrâque,* contrée désolée par la sécheresse et du » ciel et de la terre. » J'expliquais que, connaissant très bien la province de Constantine (portion de l'ancienne Numidie) puisque j'avais séjourné, dans ma jeunesse, aux bureaux arabes de Batna, de Biskra, de Tuggurt, etc... j'avais remarqué que sur trois années,

Une année, la récolte était bonne,

Une autre, la sécheresse brûlait tout,

Et la troisième, les sauterelles détruisaient ce que la sécheresse avait épargné.

Je soutenais que nos anciennes colonies françaises, le Canada, la Louisiane, avec leurs grandes routes qui marchent, le Mississipi, le Saint-Laurent, semant partout la fertilité, valaient, à mon avis, mille Algérie. Tout le monde m'avait écouté avec curiosité et un intérêt très encourageant. — De quel côté de la France êtes-vous donc, Monsieur ? me demandait sans cesse mon voisin de gauche. « Ni votre accent, ni vos récits ne me » l'ont révélé encore, et je connais cependant » presque toute la France, les diverses prononcia- » tions et jusqu'à quelques-uns de vos patois locaux, » car j'ai longtemps séjourné un peu partout chez » vous. »

Quand il eut jeté sa langue au chat, au grand contentement de toute la table, je lui répondis :

— J'ai beaucoup parcouru le monde, et puisque cela vous intéresse, apprenez que je suis originaire du Calvados.

— Pas possible ! me répondit mon voisin : mais vous n'avez pas du tout l'accent bas-normand ; je connais parfaitement le Calvados ; il y a trois ans, j'ai séjourné plusieurs mois à Courseulles-sur-Mer à six lieues environ de Caen.

— Et que faisiez-vous là ?

— Je me promenais, je chassais, je tirais des

goëlands. J'étais descendu à l'Hôtel des Etrangers, chez Guillemette.... Quelles bonnes huîtres que vos huîtres parquées de Cancale !

Je répondis : « Je connais très bien Courseulles-sur-Mer ; je suis originaire d'un village voisin, de Mathieu. Vous êtes Luxembourgeois ? »

— Ah ! mais non ! s'écria-t-il en sursaut. Nous sommes, mes camarades et moi, des officiers du Génie prussien faisant ici sauter les fortifications de la ville. Soyez encore des nôtres demain et en votre honneur, Monsieur le Français, nous ne ferons sauter que des bouchons !

Je demeurai ahuri et de l'offre et de la tranquillité avec laquelle elle me fut faite. Il se mêlait, je dois l'avouer, une forte dose de dépit à ma stupéfaction. Ces hommes, à nous entendre parler, savaient d'où nous étions et j'avais, sans m'en méfier, donné pendant près de deux heures la réplique à des officiers prussiens... Bien plus, je les avais trouvés charmants !...

Je pris le parti de mettre mon silence sur le compte d'un malaise et ce fut mon tour d'écouter et de regarder. Ils burent, trinquèrent, reburent et retrinquèrent, et le vin ayant délié leur langue, mon officier de gauche vanta la beauté de ma petite patrie, des villages de Saint-Aubin-sur-Mer, de Bernières-sur-Mer, de Graye et de Ver ; Asnelles-la-Belle-Plage l'avait enchanté surtout, quand il en relevait la topographi   h !) ainsi que celle des côtes plates du C vados.

— Elles sont bien traîtresses, hasardai-je alors, pour savoir le secret de sa pensée.

— Allons donc ! me répondit-il, en le laissant échapper du fond de son verre. Mais vous avez là un endroit rêvé pour une descente à terre. C'est près de Courseulles-sur-Mer, la cascine de Berniè-res-sur-Mer.

O comble de ma surprise ! Cette propriété appartenait à ma famille et je l'avais parcourue mille fois dans tous les sens quand j'étais adolescent, à la poursuite des bécassines.

Cette fois je me levai, n'y tenant plus, et laissai là mon officier, son ivresse et ses bouteilles, dans la peur de lui sauter à la gorge s'il continuait encore.

J'étais payé, on le voit par ces trois exemples, pour me méfier et me tenir, comme on dit, paré à carreau contre cette race — éternelle ennemie des Gaulois, disait déjà Tacite en son temps.

Pour moi, tout bon Allemand ne peut demeurer en France que pour y servir sa patrie ou pour la trahir, car entre nos deux haines, il n'y a pas de place possible pour la neutralité. C'est là un dilemme auquel je les défie d'échapper. Et comment serviraient-ils l'Allemagne, si ce n'est en nous espionnant ?

C'est dans le sang, c'est dans la race, et quand une voix s'élève pour le crier au nom de l'Histoire, on rit de la vieille barbe, du radoteur, qui a le malheur de se souvenir et de prophétiser à la façon de Cassandre.

Je pourrais raconter encore l'aventure de ces mercantis, homme et femme, celle-ci fort jolie, ma foi, et dont les yeux étaient comme un piège à conversation. Ils vinrent en novembre 1873 au château de Beauregard, près Mézières-en-Brenne (Indre) vendre de la toile. La vérité est qu'ils s'enquéraient de toutes les façons imaginables, des ressources du pays, en bestiaux, grains et fourrages, faisant parler les métayers, les paysans, et les maîtres aussi quand ils pouvaient.

C'est dans le domaine de Sainte-Thérèse, appartenant alors à M. de Meus, régent de la Banque nationale de Belgique, que, prévenu par son régisseur de leur curiosité suspecte, je voulus les mettre au pied du mur et leur demandai d'où ils étaient. Ils me répondirent de Bruxelles ; mais c'étaient d'étranges Bruxellois, savez-vous, puisqu'ils ne purent pas répondre à mes questions sur le chemin qu'il fallait parcourir pour aller du Théâtre de la Monnaie au Bois de la Cambre, ce Bois de Boulogne de Bruxelles.

Leur accent allemand les trahissait plus encore que leur ignorance et me voyant mis sur mes gardes, ils filèrent sur-le-champ.

Le chasseur Nicot, de Subtray, qui m'accompagnait, et sa belle-mère, la vieille Bourgeau, peuvent se souvenir de cette aventure qui les égaya fort longtemps.

On voit que toutes les ruses sont bonnes à ces gaillards pour pénétrer les secrets de nos forces, de nos ressources et de notre organisation ; négliger de les surveiller, ne pas les tenir à l'œil, c'est être plus aveugles, plus imprévoyants encore que les hommes de 1870, qui, eux, au moins, avaient l'excuse de croire que, depuis 1813, la Prusse avait oublié Iéna, et que la haine historique, traditionnelle et de race du Germain pour le Gaulois avait été emportée par les grands courants de civilisation de ce siècle.

Blagues que tout cela! disent les jeunes gens, ceux qui n'ont pas vu la Patrie saigner sous le sabot du cheval de de Moltke. Blagues? Ah! je l'entendais dire aussi avant 1870, comme j'ai entendu, hélas! la foule crier : « A Berlin ! A Berlin ! » et comme j'ai vu les mères pleurer l'holocauste des enfants morts pour l'honneur, puisqu'ils ne pouvaient plus mourir pour la victoire.

Il semble que tout cela soit oublié. Après 1870, le Prussien qui sait que la haine n'est pas un fruit du terroir de France, où fleurissent seulement le nonchaloir facile et l'aimable oubli, le Prussien a laissé s'épuiser en clameurs les serments de nos revanches. Puis, tranquille, il est revenu, installant ses lourdes bottes autour de nos foyers confiants, faisant le bon apôtre, apte à toute espèce de besogne, valet aujourd'hui pour être maître demain. Touriste, domestique, précepteur, mercanti, écuyer dans un cirque, moine dans un couvent, employé de commerce, il est partout, et pour la troisième fois, il veut conquérir la Gaule. Mais on nous dit qu'il ne faut pas en parler..... Pense-t-on que Carthage eût été détruite si le vieux Caton n'avait pas eu le droit de souffler sa haine aux jeunes Romains ? A force de dire qu'il ne faut pas parler de nos espérances, on apprend aux enfants à ne plus y penser!

La génération qui a connu nos désastres est une génération qui passe. L'oubli n'est pas venu pour elle, mais elle voit grandir avec angoisse une jeunesse qui ne sait pas et pour qui 1870 n'est plus qu'un évènement historique — une matière à colle dans un examen.

Qui donc, dans nos Ecoles, dans nos Facultés, comme dans les Universités allemandes, après Iéna, entretient le feu sacré de la haine ? Qui donc dit aux enfants l'atrocité des vainqueurs et la souffrance des vaincus ? Qui leur rappelle l'incendie de Bazeilles, les fusillades des otages, le pillage de nos demeures, la rançon des villes et tout le sang versé en vain ?

C'est, on l'a dit, l'instituteur allemand qui nous a battus deux fois en ce siècle. C'est dans nos écoles, puisque nos assemblées publiques sont fermées aux cris de nos revendications, qu'il faut entretenir et réchauffer l'espoir de la revanche.

On a pris de justes mesures contre l'espionnage ; nous attendons encore la loi qui interdira l'enseignement en France à des Allemands. Protéger nos secrets militaires contre l'espionnage, c'est très bien. Mais les meilleurs remparts, disaient les Romains, sont le courage et la constance des citoyens, et ce sont surtout ces forces morales qu'il ne faut pas laisser amollir par les leçons de nos cruels ennemis.

N'est-ce pas un crime que de confier la jeunesse à des mains allemandes ? Hé bien ! il est tel établissement libre d'instruction secondaire en France, établissement religieux placé sous l'autorité d'un

Évêque concordataire, où la chaire d'allemand est confiée à un Wurtembergeois.

Apprendre une langue, c'est s'initier au génie du peuple qui la parle, à son histoire, à ses mœurs, à ses traditions. Comment veut-on qu'un Allemand inspire aux enfants la haine de son propre pays ? A la place des viriles leçons qu'il faudrait à leur âme, il leur versera le poison de l'oubli, les philtres qui énervent et qui endorment.

C'est contre ce danger qu'il faudrait nous prémunir, Messieurs les législateurs ; c'est contre ce mal que je vous demande une loi d'exemple et de sécurité.

L'enseignement public est à l'abri d'une pareille trahison, car nul ne peut en faire partie s'il ne possède pas la qualité de Français ; les Jésuites, hommes supérieurs en général, et reconnus unanimement comme les meilleurs éducateurs de la jeunesse, ont adopté cette règle absolue dans leurs établissements scolaires de notre pays. Mais il est tel collège religieux dont les chefs ignorent ce devoir essentiel, primordial, de tout bon Français, et où on livre nos enfants, des officiers de demain peut-être, aux leçons d'Allemands, d'hommes que nous réverrions à la tête des états-majors ennemis, si le malheur de nos destinées voulait que la France connût la honte et la douleur de nouveaux désastres.

En 1870, le jour de la déclaration de guerre, le professeur d'allemand du lycée de Cahors disparut,

et dans les papiers qu'il perdit on trouva la preuve
de ses relations avec la police allemande.

A Troyes, c'est un professeur de musique, orga-
niste d'une des églises de cette ville, qui file en juin
de cette année néfaste et qu'on revoit à cheval
quelques mois après, commandant les troupes
d'occupation.

Faudra-t-il dire que depuis 1870 nous n'avons
rien appris et tout oublié ? Serons-nous toujours
cette race légère, inconstante et frivole qu'on
endort avec des mots et qu'on leurre avec des
serments ?

S'il y a des Français assez traîtres pour oublier
leur premier devoir de patriotisme, que la Chambre,
que le Sénat pourvoient à ce danger en édictant
pour l'enseignement privé ce qui est obligatoire
pour l'enseignement public. Fermons nos portes
aux Allemands ! « Fuera extranjeros ! Sus aux
espions ! »

......Ou bien alors, menons les funérailles de nos
espérances ; consacrons de notre consentement la
victoire de la Force ; jetons sur le passé les cen-
dres mortes de l'oubli ; laissons la plaie saigner
au flanc de la Patrie, et disons à l'Alsace et à
la Lorraine dont les bras suppliants se lassent
d'être tendus vers nous dans un appel désespéré :
« *Nescio vos !* Je ne vous connais pas ! »

Ne soyez pas,

Messieurs les Sénateurs,

Messieurs les Députés,

semblables à ces statues des Psaumes qui avaient
des yeux pour ne point voir et des oreilles pour

ne point entendre. Montrez-vous les gardiens vigilants de l'intégrité nationale. Garantissez-la contre toutes les entreprises de ses ennemis. Abritez l'âme de la jeunessse contre le souffle empoisonné de l'enseignement allemand. Et faites-nous, si vous en avez le temps, entre deux renversements de ministères, une bonne petite loi qui sera ainsi conçue :

Aucun étranger, à moins d'autorisation personnelle du Gouvernement français donnée par décret rendu en Conseil des ministres, ne sera admis à enseigner à un titre quelconque, ni à surveiller, dans les établissements d'instruction publique ou privée en France.

En cas d'infraction, les peines seront de deux ans à cinq ans de prison et d'une amende de cinq cents à deux mille francs.

L'article 463 du Code pénal sur les circonstances atténuantes ne sera applicable à ce délit qu'en ce qui concerne l'emprisonnement seulement.

Sera puni des mêmes peines, le directeur d'un établissement d'instruction qui aura admis dans son établissement un étranger non autorisé.

ARTHUR LE CREPS,

Avenue du Vernet.

Perpignan, le 25 Janvier 1897.

COMPARAISON

Et maintenant, Français, voulez-vous savoir comment sont traités par le vainqueur nos frères d'Alsace et de Lorraine après vingt ans de conquête?

Voulez-vous être édifiés sur l'impitoyable haine des Allemands contre les annexés qui gardent toujours au cœur l'amour de la France, leur patrie d'hier et de demain ?

Lisez les faits courants de la chronique prussienne ; souvenez-vous des actes d'espionnage que la justice française n'a pas assez condamnés ; considérez les formidables armements de nos ennemis et l'augmentation qu'ils donnent chaque jour à leur puissance militaire dans l'Est — et demandez-vous ensuite si ce n'est pas un crime et une folie que d'ouvrir à ces ennemis les portes de nos établissements d'instruction et de leur confier la charge de l'éducation de nos jeunes Français.

Lisez et soyez édifiés :

Plutôt mourir que de servir les Prussiens

Metz, 30 décembre 1896.

Un jeune Lorrain de dix-neuf ans, Nicolas Fixmer, ne voulant à aucun prix servir en Allemagne, s'était enfui de Metz pour aller à Nancy, comme tant d'autres jeunes patriotes, contracter un engagement dans la légion étrangère.

Mais sa mère, prévenue de son départ, prit le train suivant et arriva à Nancy avant que son fils n'eût signé son engagement. Par quels arguments contraignit-elle son enfant à réintégrer le domicile maternel ? On ne sait ; toujours est-il que Nicolas Fixmer revenait lundi soir à Metz avec sa mère... mais il se brûlait la cervelle mardi matin.

Plutôt mourir que de servir les Prussiens !... avait dit ce pauvre enfant de Lorraine.

(Libre Parole du 31 Décembre 1896.)

Arrestations arbitraires en Alsace-Lorraine

Metz, 20 septembre 1895.

1° M. Dalstein, un ancien notaire de Forbach, vivant en France depuis une dizaine d'années, se rendit à Rossbruck, où il avait quelques affaires à terminer. Le notaire fut arrêté et écroué à la prison de Forbach. On le laisse pendant six jours enfermé dans une cellule, puis on le reconduit à la frontière... Et d'un ;

2° Un jeune ouvrier peintre, né à Paris, Octave Czerski, se rend à Thionville pour y voir sa grand-mère, habitant Thionville. Il est nanti de papiers réguliers.

L'intelligent commissaire de police de Thionville le prend pour un « nihiliste » déguisé, et le fourre en prison. Il y reste *neuf jours*, avec travail forcé, sous peine d'être privé de nourriture. On le reconduit à la frontière au bout de cette longue détention, mais la police lui vole sa malle...

Et de deux.

3° Enfin, avant-hier, à Saint-Privat, un ouvrier français, Strebich, se rend, en « ballade », à Saint-Privat, pour visiter les tombes de 1870. Il fredonne le refrain de la *Marseillaise*. M. le gendarme, qui se trouve toujours à point, en pareille circonstance, lui saute à la gorge et le conduit triomphalement à Metz. Strebich est écroué à la prison, et attend, mercredi, une bonne condamnation...

Et de trois !

(Libre Parole du 21 Septembre 1896.)

Épilogue de l'Anniversaire de Mars-la-Tour

Metz, 5 Janvier 1897.

Le tribunal correctionnel de Metz vient de condamner à neuf mois de prison un boulanger de Chatel, près Metz, Arsène Nassoy, cinquante-six ans, ancien zouave, pour avoir (dit le jugement) insulté l'Allemagne et les Allemands, et bien qu'étant sur le territoire d'une nation voisine.

Nassoy s'était rendu, comme chaque année, à Mars-la-Tour, au jour de l'anniversaire patriotique qui amène, chaque année, tant de patriotes Lorrains.

Ayant rencontré trois Prussiens authentiques, tous trois fonctionnaires des Chemins de fer allemands et... sans doute, espions, il s'approcha d'eux et compta à haute voix : « Un, deux, trois Prussiens ! » puis les mit en joue avec sa canne en disant : « Voilà comme on les tue... Pan ! »

Voilà son crime !... Neuf mois de prison pour avoir mis sa canne à hauteur de l'œil et dit : « Pan ! »

Les juges allemands de Metz appellent ce geste : « Une insulte à l'Allemagne. »

(Libre Parole du 5 Janvier 1897.)

Le Chant National Français en Alsace-Lorraine. -- La Prison à Jet continu.

Metz, 3 Octobre 1896.

Dans une seule audience correctionnelle à Metz :

1º Le Français Emile Strebich, dont nous avons déjà raconté l'arrestation arbitraire : 2 mois de prison, pour avoir chanté la *Marseillaise*, en quittant Privat, sur la route.

2º Jacques Weber, qui avait seulement applaudi le chanteur, est acquitté après quinze jours de prévention.

3º Jean-Pierre Ory, cinquante ans, garde-champêtre à Dam. Un mois, pour avoir chanté la *Marseillaise* le jour de la fête du village. « Vous êtes cependant fonctionnaire allemand ! clame le président en levant les bras au ciel. C'est un comble !! »

4º Roos Hippolyte, deux mois pour avoir crié : « Vive la République ! »

5º Enfin bouquet. Le vaillant journal catholique, *Lothringer Presse*, 500 francs d'amende en la personne de l'abbé Zwickel, son gérant, et M. Petri, son rédacteur en chef, pour

.avoir osé critiquer un acte révoltant de M. le gendarme Rath, d'Ars-sur-Moselle.

Germanisons ! germanisons !

(Libre Parole du 4 Octobre 1896.)

Arrestation arbitraire en Alsace-Lorraine

Metz, 18 Août 1896.

On annonce qu'une nouvelle arrestation arbitraire a eu lieu ces jours derniers, pendant les manœuvres de siège exécutées par les troupes de la garnison de Metz, aux environs du fort de Hlappeville.

L'instituteur Tusch, de Borny, qui revenait de Plantières, s'étant arrêté quelques instants pour regarder une batterie en position, près du chemin, fut aussitôt appréhendé par une patrouille et conduit au poste.

Malgré que l'instituteur fût en mesure de prouver son identité, ce n'est que le soir qu'il fut mis en liberté.

(Libre Parole du 19 Août 1896.)

Les Étudiants Alsaciens-Lorrains

DE STRASBOURG

Les étudiants Alsaciens et Lorrains de l'Université de Strasbourg sont en grand émoi. Un des leurs, un Lorrain, M. François, a été renvoyé par décision du sénat académique. Ce jeune homme, comme tous les étudiants en médecine et en pharmacie, suivait les cours de chimie du professeur Fittig. Depuis de longues années, chaque fois que, dans ce cours, revient le nom d'un chimiste français, les étudiants Alsaciens et Lorrains ont l'habitude d'accueillir ce nom par des applaudissements. Jusqu'à présent, personne n'avait trouvé à redire à cette innocente manifestation. L'autre jour, il n'en fut plus de même Un étudiant allemand se leva, et, d'un ton très arrogant, imposa silence aux Alsaciens et aux Lorrains. Un de ceux-ci, M. François, crut devoir répondre à l'étudiant allemand qu'il n'avait pas d'ordre à recevoir de lui et qu'il tenait une paire de gifles à sa disposition. L'affaire en resta là, et personne n'y pensait plus le lendemain.

Mais l'étudiant allemand avait porté plainte contre M. François au sénat académique. Celui-ci prit la chose au tragique, et l'étudiant lorrain fut rayé de la liste des étudiants. En vain tous les étudiants alsaciens, lorrains et luxembourgeois de toutes les Facultés de l'Université signèrent-ils une protestation. M. François dut quitter Strasbourg. Le jour de son départ, ses camarades l'accompagnèrent jusqu'à la gare en traversant les rues de la ville sous forme d'un immense monôme, et sur le quai de la gare lui firent une dernière ovation.

(Libre Parole du 17 Décembre 1896.)

Une brute allemande. -- Juste condamnation

Sarreguemines, 16 Décembre 1896.

Le tribunal correctionnel de Sarreguemines vient de condamner à trois ans de réclusion le cantinier Ehrman, du 130e d'infanterie, qui, au cours des dernières grandes manœuvres, avait cruellement maltraité un honorable cultivateur de Many, M. Poinsignon.

Cet aimable allemand, pendant une halte, avait tout simplement et sans gêne, installé ses fourneaux dans la propriété de M. Poinsignon, et y faisait la popote du régiment avec le bois et le blé non encore battu, du propriétaire lorrain. Comme M. Poinsignon réclamait contre ce sans-gêne, la brute l'assomma à coups de bâton, sans qu'aucun soldat allemand intervînt pour sauver la victime, qui resta très longtemps malade des suites de ce lâche attentat.

(Libre Parole du 20 Décembre 1896.)

Rancune allemande

Schlestadt, 24 Novembre 1896.

Le statthalter n'a pas encore pu digérer l'échec de son candidat Pœhlmann, si outrageusement battu à Schlestadt par l'Alsacien Spiess, dans la dernière élection pour le Reichstag.

Aussi n'est-il pas d'avanies qu'il ne fasse aux citoyens indépendants de cette patriotique petite ville.

Depuis deux mois, le conseil municipal, naturellement composé, comme dans toute l'Alsace-Lorraine, d'indigènes ayant l'horreur du « *Schwob* », a successivement nommé deux maires qui ont été impitoyablement cassés par le statthalter, comme imbus de sentiments anti-allemands.

Il y a quinze jours, le conseil choisit un troisième maire, M. Guntz, notable commerçant. Il vient d'avoir le même sort que ses deux prédécesseurs. Cassé, lui aussi, comme trop catholique et de plus gendre de M. Spiess.

Cette nomination, écrit le statthalter, pouvant être considérée comme un acte d'hostilité contre l'administration allemande.

Mais les électeurs de Schlestadt, tout aussi tenaces que les Allemands, sont décidés à choisir un quatrième maire ayant les mêmes sentiments que les précédents.

(Libre Parole du 26 Novembre 1896.)

Augmentation d'effectifs au 16e Corps

Metz, 11 Novembre 1896.

On forme en ce moment trois nouveaux régiments qui augmenteront d'autant l'effectif déjà si formidable du 16e corps.

Les quatrièmes bataillons des 17e, 98e, 130e et 144e régiments d'infanterie, formeront le 173e nouveau régiment qui ira renforcer la garnison de Saint-Avold.

Les quatrièmes bataillons des 67e, 131e, 135e et 145e formeront le 174e nouveau régiment qui restera à Metz et occupera l'une des casernes du fort Moselle.

Les quatrièmes bataillons des 4e, 8e, 12e et 16e régiments bavarois formeront un 23e régiment d'infanterie nouveau (Bavarois) qui ira tenir garnison à Sarreguemines.

Enfin, pour comble de bonheur (et sans doute pour riposter à l'entente franco-russe) l'empereur Guillaume vient de prendre une décision qui désole les populations rurales de Lorraine.

L'année prochaine, en septembre, les grandes manœuvres impériales, déjà subies par la Lorraine en 1893, auront de nouveau lieu dans le nord de la province annexée, c'est-à-dire entre la Sarre et la Blies.

Quatre corps d'armée y prendront part : les trois corps d'Alsace-Lorraine, 14e, 15e et 16e et le 8e Palatinat.

C'est l'état-major du 16e corps (Metz) avec le général de Haeseler, qui est chargé de l'étude du terrain des manœuvres.

Jolie perspective pour les récoltes de 1897 et les malheureux cultivateurs !

(*Libre Parole du 12 Novembre 1896.*)

Une Expulsion en Alsace-Lorraine

Strasbourg, 13 Août 1896.

M. Jean Bies, fabricant de Paris, qui était en visite chez son frère, à Boux, a reçu l'ordre de quitter immédiatement le territoire d'Alsace-Lorraine.

Cette expulsion a eu lieu uniquement parce que M. Bies est vice-président de la Société des Alsaciens-Lorrains, à Paris.

(*Libre Parole du 13 Août 1896.*)

Lèse-Majesté

Metz, 11 Août 1896.

Un vénérable septuagénaire, M. Joseph Blanpied, cultivateur à Bioncourt et conseiller municipal, traduit devant le tribunal correctionnel de Metz pour crime de lèse-majesté, est condamné à deux mois de prison.

Voici en quoi consistait le crime de ce brave homme :

Au cours d'une séance du conseil municipal, tenue le 30 mai dernier, était portée à l'ordre du jour la rectification d'un ruisseau et l'aliénation de terrains appartenant à la commune. M. Blanpied s'opposa à cette aliénation et prétendit que le gouvernement allemand empiétait sur les droits des riverains ; il refusa ensuite de ratifier, par sa présence, cette spoliation, et quitta la salle du conseil en disant : « Quel malheur de n'être plus maître chez soi, et d'être les domestiques de Guillaume ! »

.....Le tribunal, considérant le grand âge et les antécédents irréprochables de M. Blanpied, et le fait qu'il ne s'était jamais montré jusqu'à ce jour hostile à l'Allemagne, le condamne à deux mois de prison, minimum de la peine.

Aimable justice, aimable législation !

Ce jugement, véritablement stupéfiant, excite l'indignation générale.

— A la même audience, Henri Bouchemen, ouvrier lorrain, un mois de prison pour avoir chanté la *Marseillaise* dans une auberge à Roncourt.

(*Libre Parole du 12 Août 1896.*)

Les Écoles allemandes de Paris

On nous écrit de Berlin, 7 août 1896, que l'empereur d'Allemagne vient d'élever de 3,000 à 4,000 francs la subvention qu'il accorde à l'œuvre des écoles allemandes de Paris.

De son côté, le grand-duc de Hesse porte de 2,000 à 2,500 francs sa part contributive.

Les écoles allemandes de Paris, d'après le rapport qui vient d'être adressé au gouvernement à l'issue de l'année scolaire, prennent un accroissement constant.

L'école de la Villette qui n'avait que 90 élèves en 1882, en compte aujourd'hui 360. L'école de la rue Mouffetard est en progrès marqué.

On annonce la création prochaine d'une école d'enseignement secondaire pour les filles.

Il paraît que l'empereur d'Autriche a pris sous son patronage une école allemande catholique qui est dirigée par les jésuites, rue Lafayette.

(*Express-Agence du 16 Août 1896.*)